DUMOLLARD

OU

L'ASSASSIN DES SERVANTES

DUMOLLARD

ou

L'ASSASSIN DES SERVANTES

PAR

MAXIME GUFFROY.

Prix : 10 CENTIMES.

CHEZ TOUS LES LIBRAIRES DE FRANCE.

1869

DUMOLLARD

ou

L'ASSASSIN DES SERVANTES.

CHAPITRE Ier

HORRIBLES MYSTÈRES

Le 1er août de l'année 1861, des groupes nombreux stationnaient sur la place de l'église de Montluel, petite ville située à 26 kilomètres de Trévoux, (Ain). Une grave question semblait agiter les esprits; l'indignation et la douleur étaient peintes sur tous les visages.

On racontait avec horreur que, ce jour-là même, un cadavre venait d'être découvert dans le *Bois des Communes*.

Ce cadavre, qui portait encore les traces des plus infâmes violences, était celui d'une jeune servante, nommée Eulalie Bussod, en service à Lyon.

Les sœurs de la victime étaient présentes, et leurs sanglots et leurs larmes constataient suffisamment l'identité du corps. En outre, plusieurs vêtements ayant appartenu

à l'infortunée servante étaient retrouvés à force de recherches et ne donnaient plus lieu à aucun doute.

On ajoutait que la malheureuse Eulalie, passant un jour
sur le pont de la Guillotière, avait été accostée par un indi-
vidu qui lui avait proposé une place de servante dans une
bonne maison. Les appointements, disait l'inconnu, étaient
fixés à 210 francs, 50 francs de plus que ce qu'elle gagnait
chez ses maîtres actuels.

Eulalie prit conseil de sa sœur aînée, Joséphine, qui s'opposa d'abord autant qu'elle put à son départ avec cet
homme. Mais une considération décida Joséphine: c'était le
petit enfant que sa sœur qui s'était laissé séduire comme
tant d'autres, avait mis au monde, et que, par suite de l'aban-
don de son père, elle avait été obligée de porter à l'hospice.
Parvenir à force de travail à retirer l'enfant, était le plus
grand désir de la pauvre délaissée. Eulalie résolut donc de
suivre un homme qui lui procurait une place si lucrative et
sa sœur ne s'y opposa plus.

Elle fit même à l'inconnu la politesse d'une petite colla-
tion, puis elle lui demanda son adresse. L'inconnu refusa
obstinément de la faire connaître et promit de revenir huit
jours après.

Le jour dit, c'est-à-dire le 28 février, la jeune fille et
son guide prenaient le chemin de fer et, une fois descendus
à Montluel, ils s'engageaient ensemble dans un étroit sen-
tier qui se dirigeait vers le *Bois des Communes*. Il pouvait
être alors huit heures du soir.

Le chemin était encaissé entre deux haies de buissons touffus....... La nuit était sombre....... Un silence effrayant régnait dans cette vaste solitude.

La jeune fille n'avançait qu'avec peine, rêveuse et comme assaillie par de sinistres pressentiments.

Soudain, elle tombait la face contre terre, en poussant un cri...... L'inconnu lui avait asséné sur le derrière de la tête un violent coup de poing.

La victime était tombée dès-lors dans un état si complet de prostration qu'elle se laissa traîner par les pieds et déshabiller, sans même faire entendre un gémissement.

L'assassin lui arracha ses boucles d'oreilles, s'empara de son porte-monnaie, de tous ses vêtements jusqu'au dernier..... Puis se ruant sur ce corps nu, déjà presque un cadavre, il assouvit sa luxurieuse passion.

Quand il fut à bout de lubricité, en bête fauve il prit en courant le chemin de sa demeure, nous devrions dire : de sa *tanière*.

Une heure après, il était de retour sur le lieu du crime portant une bêche sur l'épaule ; à la lueur d'une lanterne qu'il avait apportée, il creuse une fosse, et se met en devoir d'enterrer le cadavre.

Horreur ! la morte avait fait un mouvement.... Le monstre ne l'avait pas tuée tout à fait.

Saisi d'épouvante, les cheveux hérissés, le visage pâle de terreur, l'assassin était là, debout, contemplant avec effroi son crime inachevé.

La jeune fille ou plutôt cette ombre sanglante, ce cadavre vivant, rassembla toutes ses forces, ploya les genoux, se cramponna aux jambes du meurtrier, en criant d'une voix déchirante : « Grâce ! grâce ! ... »

L'infâme se dégagea de cette horrible étreinte, et plus inhumain qu'un tigre, d'un coup de son soulier ferré dans la poitrine, acheva sa victime.

Eulalie ne poussait plus que de légers soupirs...... Sa gorge oppressée se refusait à produire aucun son intelligible..... Enfin un dernier râle se fit entendre.... Le monstre se mit à sourire...... Cette fois, *elle* était bien morte.

Il poussa du pied ce cadavre inerte, le fit rouler dans la fosse qu'il recouvrit de terre, et, reprenant son sang-froid un instant perdu, s'éloigna dans la direction de Montluel......

Tels sont les horribles détails qui circulaient de bouche en bouche. Un voile de deuil et de terreur semblait planer sur cette foule assemblée. Ce qui venait augmenter encore l'effroi universel, c'est que ce crime affreux rappelait à la mémoire la disparition de plusieurs jeunes filles, servantes aussi, et qui toutes devaient avoir subi le même sort qu'Eulalie Bussod.

Mais quel était l'auteur de tant de crimes accumulés? Avait-il des complices ? Habitait-il Montluel ou les villages environnants? Quel était le mobile de tous ses meurtres, et pourquoi s'attaquait-il de préférence aux servantes ?

La suite de notre récit répondra suffisamment à toutes ces questions.

CHAPITRE II.

LE FAUVE DE LA BRESSE.

Que le lecteur veuille bien supposer que nous sommes encore en l'an de grâce 1853 et se transporter avec nous dans la petite commune de Dagneux, à quelques kilomètres de Montluel.

Pénétrons ensemble dans l'intérieur d'une chaumière, qu'entoure un petit jardin planté de vignes et de quelques autres arbres fruitiers.

Il est neuf heures du soir, la nuit est sombre et orageuse.

Un homme et une femme sont assis près d'une table, sur laquelle vacille la lueur fumeuse d'une vieille lampe.

Cet homme et cette femme parlent ensemble, et leur conversation est assez animée.

« — Enfin, *mère Marie-Anne*, dit l'interlocuteur, on jase dans le pays. On s'étonne des absences de votre époux, on s'étonne aussi de vos *lavages* et de vos lessives continuelles.

— Eh bien ! répond la femme, quand je serais tout le jour au lavoir, où serait le mal, *Monsieur Cochet*? Moi, je n'en vois pas, toujours.

— Ni moi; mais voyez-vous, je vous le répète, on jase

sur votre compte. Et votre mari? Y a t-il beau temps qu'on ne l'a pas vu!... Où passe-t-il donc toutes ses journées ?

—Mon mari est à son ouvrage, et s'il veut travailler plus long-temps que les autres, qui peut l'en empêcher ?

— Oh ! personne, *madame Marie-Anne*, personne ! » fit en se levant *Louis Cochet*, honnête ouvrier qui exerçait à Dagneux le métier de tisserand..... Puis l'homme et la femme se séparèrent.

Marie-Anne ferma sa porte en maugréant, et s'apprêta pour se mettre au lit. Tout-à-coup la porte s'ouvrit violemment, un homme entra, les vêtements en désordre et s'assit près du foyer, après avoir jeté sa casquette sur la table.

Le nouveau venu pouvait avoir de quarante-cinq à quarante-six ans. Il était vêtu d'une blouse bleue, sa physionomie, remarquable surtout par un front bas et fuyant, les pommettes saillantes, la lèvre supérieure épaisse et le menton carré, ne présentait au premier coup d'œil qu'un ensemble ignoble et repoussant.

On verra que son âme était plus vile et plus ignoble encore que son visage.

Quant à la femme, qui était la sienne, ses yeux gris, pareils à ceux d'une fouine, sa figure hâlée, ses lèvres minces et pincées la rendaient en tous points digne d'être accouplée à un tel mari.

La femme avait nom *Marie-Anne Martinet*.

Le mari s'appelait *Rémond-Martin* DUMOLLARD.

Après la mort de son père *Ivan Miéralowich*, originaire

de Hongrie et fusillé sur les glacis de la citadelle de Padoue pour avoir violé et assassiné la sœur d'un officier, nommé *Karl*, ce *Dumollard* était venu avec sa mère se fixer d'abord à Montluel, ensuite à Dagneux.

Un couple si bien assorti devait nécessairement avoir des allures toutes particulières. *Dumollard* et sa *digne* femme vivaient fort à l'écart, ne parlaient que très rarement à leurs voisins, parmi lesquels nous en connaissons un déjà, le tisserand *Cochet*. Il y en avait deux autres que *Dumollard* détestait cordialement, à cause de leurs bavardages et de leur curiosité : c'étaient le vieux *Jacob* et la veuve *Berthet*.

Si par hasard *le fauve*, (c'était le surnom que l'on donnait à Dumollard) apercevait *Jacob* ou la veuve *Berthet* en train de rôder autour de sa tanière, il se laissait aller aux accès d'une colère furieuse, et menaçait même de les frapper.

Heureusement pour eux, *Marie-Anne* réussissait toujours à le calmer.

Ce soir-là, *Marie-Anne* fit observer à son mari qu'il était parti le matin coiffé d'un chapeau et qu'il revenait en casquette.

Pour toute réponse, Dumollard murmura entre ses dents:

« Elle s'est *ensauvée*, si jamais je la *repince* !.....

CHAPITRE III

MOSAÏQUE DE CRIMES

Ne faisons point languir le lecteur davantage et disons-lui dès maintenant que l'homme désigné par la vindicte publique comme l'auteur des assassinats multipliés qui se commettaient dans le pays, n'était autre que ce *Martin Dumollard*, fils, comme on sait, d'un meurtrier.

Bien d'autres crimes avaient précédé le meurtre d'Eulalie Bussod, tous commis par le même *Dumollard*.

Ainsi le 28 février 1855, des chasseurs guidés par les aboiements de leurs chiens découvraient dans la forêt de Montaverne le cadavre d'une femme que l'on reconnut, après de longues recherches et malgré les horribles mutilations qu'il avait subies, pour être celui de *Marie Baday*, femme de chambre d'une certaine dame Aussandon, demeurant dans le quartier de la Guillotière.

Dans le courant du mois de septembre de la même année, tentative de meurtre sur Olympe Alabert, servant e à Lyon. Autre tentative également sans résultat sur Joséphine Charlety, et sur Marie Bourgeois, toutes deux en service à Lyon.

Cette ville, comme on le voit, avait été choisie par ce

monstre pour être le théâtre de ses infâmes comédies au sanglant dénouement. Pendant sept années entières, il attira dans ses pièges et fit périr quantité de servantes sans que la police, prévenue cependant contre lui, ait songé le moins du monde à l'inquiéter.

En décembre 1858, une jeune fille que Dumollard n'a pu ou n'a pas voulu nommer, fut assassinée par lui dans le bois de Montmain. Mais cette fois le *fauve* n'était pas seul, sa *digne* femme l'avait accompagné avec une lanterne allumée ; elle aida son époux à ensevelir le cadavre déshonoré et mutilé. Puis le monstre et sa *femelle* regagnèrent leur antre, emportant l'argent, les bijoux et les habits de leur victime.

Le 18 janvier 1859, Dumollard avisait sur le pont de la Guillotière une jeune fille à la physionomie mutine, au regard provoquant et décidé. Elle semblait attendre quelqu'un depuis long-temps et son joli petit pied frappait le sol de temps à autre, signe évident d'impatience.

Dumollard, s'approchant d'elle, lui dit de la voix la plus doucereuse:

« — Ma belle enfant, voudriez-vous, s'il vous plaît, m'indiquer un bureau de placement?

— Parbleu ! dit en riant la jolie lyonnaise, ce n'est pas difficile à trouver, il y a celui de M. Baduel, celui des Blandines.....

— Et croyez-vous, interrompit Dumollard, que j'y trouve une servante ?....»

A cette question naïve, la jeune fille lança un éclat de
rire, le plus comique, le plus franc que les échos de Four-
vières aient jamais entendu.

« — Oui, je comprends, reprit Dumollard, un peu piqué,
mais je veux dire une bonne servante, adroite et discrète.

— Ah ! c'est pour vous peut-être ?...

— Mon Dieu ! non, c'est pour mon maître qui donnerait
volontiers trois cents francs pour en trouver une habile,
accorte et délurée, dans votre genre, par exemple....»

La jeune fille ouvrit de grands yeux :

« — Et vous dites que votre maître donnerait trois
cents francs ?

— Je le dis, parceque cela est vrai, foi de Jean qui est
mon nom !

— Eh bien ! dit alors la lyonnaise d'un air plus sérieux,
si dans un quart d'heure la personne que j'attends n'est pas
ici, j'accepte vos propositions. »

Le quart d'heure s'écoula, personne ne paraissait.

« Attendez-moi, dit aussitôt Julie Fargeat (c'était le nom
de la jeune fille). Je cours à mon logis prendre mon paquet
qui ne sera pas lourd, je vous assure.

— C'est ça, fit Dumollard, et venez me retrouver au café
de la mère Quénard, à Serin. » Julie s'éloigna.

Une heure après, Dumollard, bien repu d'un bon dîner
qu'il avait fait partager à sa compagne, prenait avec elle
le chemin de fer.

Il avait satisfait à toutes les questions qu'elle lui adres-

sait. « Nous nous rendons, lui disait-il, à Neuville, chez M.'
le comte de Montbrun. Vous y serez très-heureuse, si heureuse que je n'hésite pas à dire qu'il vaut mieux être do-
mestique dans cette maison que maître dans une autre.»

Le ton de conviction avec lequel parlait Dumollard faisait
impression sur la jeune-fille ; mais les regards pleins de
lubricité que l'inconnu jetait sur elle portaient le trouble
dans son âme, et le doute dans son esprit.

Vaguement, elle commençait à se repentir de s'être con-
fiée à cet homme qu'elle ne connaissait pas.

Ses craintes augmentèrent lorsqu'elle se vit obligée de
prendre un chemin plus long et tout à fait désert, au lieu
de la route qui conduisait à St-André de Corcy, commune
indiquée par Dumollard comme le terme du voyage.

Pour comble d'effroi, la nuit était tombée tout-à-fait,
obscure et silencieuse. Il était sept heures du soir.

La jeune fille jeta un regard de terreur autour d'elle :
partout la solitude ; devant elle, un bois touffu, dont l'aspect seul la glaçait d'épouvante.

Elle refusa d'aller plus avant....

« Revenons, dit-elle, à Mionnay, nous y passerons la
nuit. »

Sans lui répondre, Dumollard se précipite sur la jeune
fille, d'une main lui ferme la bouche et de l'autre essaie de
la terrasser.

L'infortunée se défend vigoureusement: dans la lutte
même, elle égratigne cruellement à la joue son féroce ad-

versaire, parvient à se dégager de la main qui l'étouffait et se met à pousser des cris de détresse et de désespoir.

« Tu as beau crier, disait Dumollard, en écumant de rage, il faut que tu y passes comme les autres ! »

Au même instant des voix se firent entendre à quelque distance ; la victime redoubla de vigueur et d'énergie, en répétant d'une voix déchirante. » Au secours ! A l'assassin!»

Les survenants s'approchaient : Dumollard arracha violemment à la jeune fille son tablier qui renfermait son argent et tout ce qu'elle avait de plus précieux, et s'enfuit.

Après de vaines recherches pour retrouver l'assassin, les sauveurs de la victime, fermiers du domaine de *l'hôpital*, transportèrent l'infortunée Julie dans leur demeure, et lui prodiguèrent les premiers soins.

Comme on a pu le voir, Dumollard ne réussissait pas toujours dans ses tentatives de meurtre. Il est même à remarquer que la plupart de celles qui nous sont connues ont fort heureusement avorté. Ainsi le voulait la providence, afin que toutes ces victimes échappées à la mort fussent comme autant de voix accusatrices pour témoigner contre le misérable qui avait tenté de les assassiner.

Les dépositions d'Olympe Alabert, de Joséphine Charléty, de Marie Bourgeois, de Victorine Perrin, de Rosalie Nicolas, de plusieurs autres encore furent plus tard des preuves accablantes de la culpabilité de ce monstre.

CHAPITRE IV.

LE DERNIER FORFAIT

La scène se passe dans l'endroit accoutumé, sur le pont de la Guillotière.

Cette fois, la jeune femme prise au piège est une servante placée à Lyon chez les époux Devaux, et nommée Marie Pichon.

Elle est âgée de vingt-sept ans et veuve d'un nommé Bertin.

Son costume est celui d'une ouvrière aisée, elle porte au cou une chaîne d'or.

Dumollard l'accoste poliment et lui demande l'adresse d'un bureau de placement pour les domestiques.

Elle lui indique celui des Blandines. Dumollard répond qu'il en vient et qu'il n'en a pas trouvé de convenable. Il ajoute qu'il sert dans un château comme jardinier et que si elle se trouvait sans place, il pouvait lui en procurer une de suite à trois cents francs d'appointements fixes.

Le stratagème réussit comme toujours, Marie Pichon se laisse gagner, fait ses malles et consent à suivre un inconnu si complaisant, qui s'offre lui-même à porter malles et paquets, paie le dîner et le voyage jusqu'au château de son prétendu maître.

A la nuit tombante, Marie Pichon et son guide cheminaient ensemble sur la route de Ballan, commune du canton de Montluel.

Au bas de la montée de Côte-Enverse, Dumollard s'arrêta et refusa de porter la malle plus loin, disant qu'il était trop fatigué. Il la déposa derrière une haie, promettant à Marie de venir la chercher le lendemain matin avec la voiture de son maître.

Ils continuèrent à marcher.... Seulement la jeune femme s'aperçut que son guide restait en arrière et faisait mine de chercher quelque chose, une arme sans doute, qu'il tenait cachée sous ses vêtements.

Saisie d'effroi, Marie Pichon allait pousser un cri d'alarme quand elle se sentit la tête prise dans un lacet jeté habilement. La malheureuse allait périr étranglée ; mais soudain faisant un effort suprême, elle se courbe, saisit violemment les mains du monstre qui en veut à sa vie, parvient à se dégager et prend la fuite à toutes jambes.

Dans sa course folle, son pied heurte contre une grosse pierre, elle tombe.

L'assassin n'est plus qu'à quelques pas...... L'infortunée se relève, reprend sa course vertigineuse, brise, renverse les clôtures et se trouve enfin sur la voie de fer qui passe en cet endroit.....

Elle ose alors se retourner, et regarder derrière elle.... Dumollard avait disparu.

Au même instant, un charretier traversait le chemin de fer avec sa voiture Il y fait monter la jeune femme plus morte que vive et la transporte à la caserne de gendarmerie.

De grand matin, le brigadier et les gendarmes se transportèrent à l'endroit où la malle avait été déposée... On ne la trouva plus.

Cette horrible tentative de meurtre réveilla enfin les soupçons de la justice depuis si long-temps endormie.

Une enquête fut ordonnée. Un garde champêtre intelligent trouve le moyen d'obtenir de Dumollard quelques détails qui mirent la police sur la voie. On lui demanda compte de l'emploi de ses journées, une perquisition rigoureuse eut lieu dans sa demeure.... Armoires, lit, papiers, vêtements, tout fut examiné scrupuleusement.

L'instruction donne la nomenclature suivante :

« 58 bonnets,

10 corsets.

Un nombre indéterminé de mouchoirs, cols, fichus, pèlerines en fourrure, coupons de dentelle, bas de toute taille et même des bas d'enfant ! »

Beaucoup de ces vêtements furent reconnus par les victimes sauvées. Tout porte à croire que bien des meurtres commis par ce monstre sont et resteront toujours inconnus.

Le vol en était le mobile, cela ne laisse aucun doute,

mais il faut y joindre aussi un immense appétit de plaisirs sensuels qu'il fallait assouvir à quelque prix que ce fût.

Malgré ses dénégations, Dumollard fût arrêté dans le courant de janvier 1862, et le 30 de ce mois s'ouvrirent les débats judiciaires devant la cour d'assises de l'Ain. Ils durèrent jusqu'à la fin de février. Voici d'après les documents les plus authentiques, les passages saillants de ce procès devenu si célèbre.

« Le président. Pourquoi avez-vous essayé d'étrangler Marie Pichon ?

Réponse. Je ne voulais pas livrer cette fille aux hommes barbus. (C'étaient des complices imaginaires, espèce *d'hommes de paille* inventés par Dumollard pour rejeter tous ses crimes sur d'autres assassins. Ce système ridicule fut adopté et soutenu par lui pendant tout le courant du procès.)

D. Pourquoi l'avez-vous poursuivie pendant qu'elle fuyait?

R. Je ne l'ai pas poursuivie.

D. Marie Pichon sera entendue, et MM. les jurés apprécieront.

R. Que voulez-vous ? Ces malfaiteurs m'auraient fait un mauvais parti, ils m'auraient tué.

D. Comment !.... Est-ce qu'ils vous avaient menacé?

R. Certainement. Je leur avais dit que je voulais me retirer d'eux, ils m'ont dit alors : prends garde, si tu te retires, c'est pour nous vendre, nous ne le permettrons pas. J'étais bien embarrassé. »

On ne peut s'imaginer l'audacieuse naïveté de cet infâme

assassin devant le tribunal. A l'entendre, il n'avait pas fait brûler par sa femme les effets de toutes les victimes, afin de ne rien faire perdre à leurs parents.

C'est *bien à regret* qu'il avait suivi *les hommes barbus,* et encore c'était pour les surveiller et *sauver* les victimes.

Les réponses hardies de l'accusé sont peut-être plus effrayantes d'atrocité que ses crimes eux-mêmes.

Un jour, il dit hautement: « On m'en donnera sans doute pour 5 ans. »

Pendant le procès, il se plaint d'un courant d'air et s'enveloppe les jambes avec son mouchoir.

Il s'accuse tout haut de *proxénétisme.* On dirait même qu'il s'en fait gloire.

Apprenant l'exécution d'un condamné à mort, il s'écrie :

« Pour celui-là, on peut bien dire qu'il ne l'a pas volé !»

L'audition des témoins, en dépit même des preuves accablantes qui furent déposées, ne firent pas abandonner à Dumollard son système de défense.

Quant à sa femme, ses réponses furent toujours ambigües, équivoques.

Un épisode curieux et qui peint au naturel le *fauve de la Bresse.....*

Pendant la suspension de l'audience, comme il mangeait avec avidité un morceau de pain et [une tranche de lard, Marie Pichon vint à passer près de lui, et rassurée qu'elle était par la présence des gendarmes, elle lui dit avec malice :

« Bonjour, Monsieur Dumollard !

Ah ! Mademoiselle, répondit l'accusé, vous êtes bien heureuse que je vous aie fait fuir, sans quoi, vous seriez tombée, comme les autres, entre les mains des hommes barbus.

Voici la fin du réquisitoire de M. Gaulot, procureur impérial :

« Livrez donc ces deux accusés à la loi : l'une a été la complice de tous les vols et n'a rien ignoré…. L'autre a fait de l'assassinat une habitude, presque une profession. Sa vie entière n'a été qu'un long outrage à toutes les lois divines et humaines.

Il s'est plongé dans toutes les infâmies; il a souillé des cadavres ; il n'a pas même éprouvé le besoin de faire une halte dans le sang.

Non jamais châtiment ne pourra se mesurer sur ses forfaits. »

La tâche de Me Lardière, défenseur d'un tel monstre, était ardue. Il était trop ridicule de s'arrêter aux *hommes barbus*, cette fable inadmissible. Me Lardière aima mieux faire de Martin Dumollard une brute sans âme et sans raison, et par conséquent irresponsable de ses actes les plus criminels.

Me Villeneuve soutint que Marie-Anne n'avait agi que sur les instances de son mari qui exerçait sur elle une domination toute puissante.

Enfin, le verdict fut affirmatif sur toutes les questions, et Martin Dumollard fut condamné à la peine de mort, sa femme à 20 ans de travaux forcés et aux frais du procès.

ÉPILOGUE

EXÉCUTION DE DUMOLLARD

Le jour de l'expiation approchait, l'indignation publique était à son comble. Sans plaider ici pour ou contre la peine de mort nous nous contenterons de transcrire le récit publié par le *Courrier de Lyon.*

« Dans la nuit du vendredi 6 au samedi 7 mars, la population de Montluel s'était accrue de plus de moitié. Six mille curieux, pour le moins, s'y étaient donné rendez-vous pour voir tomber la tête du fameux assassin des servantes.

» Dès le coucher du soleil, on rencontrait, le long des routes et des chemins vicinaux, venant de Lyon, de Bourg, de Dagneux, de Ballan, des quatre points cardinaux, des groupes d'ouvriers et de paysans.

» On ne chantait pas trop pendant la route (le lecteur se souviendra peut-être des chansons qui égayèrent la fameuse excursion de Saint-Cyr) ; la foule était presque recueillie.

» La majorité des gens qui allaient à la lugubre fête habitaient les environs du pays où tant de crimes ont été consommés. Aussi, bon nombre d'entre eux exprimaient-ils l'horreur que leur inspirait la triste célébrité désormais attachée à Montluel.

» Vers le milieu de la nuit, les voitures prenaient la file le long de la rue tortueuse et boueuse qui sépare en deux quartiers la petite ville.

» L'échafaud s'élevait déjà sur la place, dont les proportions restreintes ne paraissaient pas pouvoir donner satisfaction à la sanglante curiosité de tant de spectateurs. On se pressait autour de la sanglante machine ; à la lueur des torches, les exécuteurs faisaient jouer le couperet dans les rainures des montants : sinistre expérience, qui impressionnait la foule, peut-être au même degré que l'exécution elle-même.

» A minuit, il était impossible de trouver un lit dans toute l'agglomération de Montluel.

» Je pourrais citer tel de nos compatriotes bien connu, qui, prenant son parti, dormait sur une botte de paille, dans le coin d'une écurie, et presque sous les pieds des chevaux.

» Bien des gens, moins heureux ou moins philosophes, parcouraient la ville et se dirigeaient vers Chalamont. Ils allaient à la rencontre du condamné.

» Dumollard est entré à Montluel à quatre heures du matin.

» Il était dans une lourde et vaste berline, escortée de plusieurs brigades de gendarmes. M. Bérould, vicaire de Notre-Dame de Bourg, lui prodiguait pendant le voyage les exhortations religieuses, et tentait, avec une douceur et un zèle qui ne se sont pas démentis un instant, d'amollir cette étrange nature.

» C'est dans la matinée de vendredi que le condamné avait reçu avis de son exécution prochaine.

» Je m'y attendais bien, dit-il ; du reste, mieux vaut maintenant que plus tard payer cette *échéïance*.

» En plusieurs circonstances, depuis ce moment, il a exprimé cette même idée.

» Son impassibilité ne devait pas l'abandonner.

» Sur les instances réitérées du vénérable M. Berould, il voulut bien se réconcilier avec sa femme, qu'il accusait de l'avoir volontairemeut perdu.

» On réunit ces étranges époux, qui soupèrent ensemble (funèbre souper !); et causèrent longuement.

» Marie-Anne Martinet se montrait fort émue ; vers la fin du repas, elle se prit à sanglotter, et embrassa son mari avec les marques de la plus vive douleur.

» Dumollard, lui, ne partageait nullement cette émotion.

» — Eh bien ! c'est bon, adieu!... répétait-il à sa femme au moment de la séparation, comme s'il n'eût été question que d'une absence momentanée.

» Pendant le trajet de Bourg à Montluel, il conserva ce sang-froid extraordinaire, qui ne s'explique nullement, pas même, comme on l'a prétendu, par l'absence de sens moral.

» Il causait avec les gendarmes, examinait de temps à

autre le pays que traversait la voiture, affirmant que ce chemin lui était bien connu.

» A Chalamont, on s'arrêta dix minutes pour relayer. Malgré les efforts des gendarmes, groupés autour du condamné, les habitants vinrent avec des lanternes considérer ce criminel fameux. Plusieurs même l'interpellèrent ; il répondit presque en raillant, et fit remarquer quelle singulière chose c'était de voir toute une population se presser sur le passage d'un malheureux prêt à subir sa peine.

» Arrivé à Montluel, il a été conduit à la mairie, où s'étaient déjà réunis les magistrats et les médecins.

» Là, ayant à cœur de remplir sa mission douloureuse, se trouvait M. l'abbé Carrel, curé de la paroisse.

» Dumollard a d'abord témoigné le désir de se chauffer les pieds, (on se rappelle qu'à l'audience c'était déjà sa préoccupation) ; puis, jetant un long regard sur l'assistance il y a découvert et reconnu le digne pasteur accouru de lui-même pour le soutenir et le disposer à une fin chrétienne.

» Retirés dans une chambre attenante à la pièce principale, le prêtre et le condamné ont eu un long entretien, entretien suprême, qui, sans doute, a fait un peu de lumière sur ces épaisses ténèbres. Je dis un peu de lumière, car une demi-heure avant l'exécution, le respectable curé, ému en prononçant à l'oreille du coupable de pieuses et solennelles paroles, lui montrait l'heure et tâchait d'élever une barrière infranchissable entre ce malheureux et les idées de cupidité qui l'assaillaient encore.

» Alors, ou du moins peu de temps avant, il s'informait, avec beaucoup d'intérêt, de ce qu'étaient devenus ses biens et à quel prix avaient été vendus les objets qu'il avait possédés.

» Il s'en ouvrait avec une effrayante, une horrible naïveté à M. Guillot, commis-greffier du tribunal de Trévoux. Ce fonctionnaire avait eu pour lui, pendant sa longue captivité, des soins qui avaient paru le toucher. A la vue de cet excellent homme, ce cœur de pierre s'est attendri ; le condamné a répandu d'abondantes larmes.

» Il s'est entretenu avec M. Guillot de diverses affaires d'intérêt, lui rappelant notamment qu'une veuve B....., de Dagneux, lui redevait encore quarante-sept ou quarante-huit francs pour plusieurs journées de vigne. A ce propos même, il est entré dans de minutieuses explications, indiquant le détail de sa créance, et faisant comprendre que si la seconde façon donnée à la vigne de la veuve B.... était moins coûteuse que la première, c'est qu'elle exigeait moins de soin et de labeurs. Du reste, il chargeait M. Guillot de régler ce petit compte.

» A diverses reprises, MM. les magistrats l'ont sollicité de faire de nouveaux aveux.

» Dumollard a d'abord répondu qu'il avait dit tout ce qu'il savait, et que, d'ailleurs, il payait pour les autres. M. le juge de paix lui a manifesté l'intention formelle de faire exécuter dans sa vigne des fouilles minutieuses.

« Ces paroles ont produit sur lui quelque effet, et, s'il

n'a rien avoué, du moins a-t-il laissé supposer quelque chose.

» Voici, du reste, si je ne me trompe, sa réponse à peu près textuelle :

» Cette vigne n'a pas toujours été à moi. Je l'ai achetée, et j'en ai bien miné le milieu. Il n'y avait rien, bien sûr. Quant aux deux bouts, je n'y ai pas touché; je ne peux pas savoir si on y a mis quelque chose.

» Ce semblant de restriction présente une certaine gravité ; et je ne doute pas que la justice n'y prête une sérieuse attention.

» En ces pénibles circonstances, les magistrats ont fait l'impossible pour obtenir de lui des révélations plus complètes. Le malheureux, laissant échapper un geste d'impatience, a fini par s'écrier :

» Vous me tourmenteriez vingt ans, que je ne vous dirais rien de plus ; voilà tout ! »

» Ses forces ne le trahissaient pas, et son impassibilité offrait le caractère presque bestial qu'elle a présenté depuis son arrestation et pendant les débats.

» MM. les docteurs Chiarra et Gomier, si je ne fais erreur, ont vainement cherché à découvrir en lui quelques indices d'émotions.

» Son pouls, quelque peu fréquent, battait cent pulsations : ce qui n'avait rien d'anormal, après une nuit d'insommie et un voyage assez long. Plusieurs personnes présentes se sont obligeamment prêtées à la comparaison. En raison de la légère émotion qu'éprouvent les témoins de ces lugubres scènes, la moyenne des pulsations était de quatre-vingt-sept.

» Du reste, chez le condamné, rien que de parfaitement régulier, pas même de tressaillements.

» J'insiste sur ces détails physiologiques, parce qu'ils doivent faire comprendre ce qu'était cette nature en dehors de la nature.

» Il a pris du café, et il l'a trouvé bon ; puis il a continué de répondre aux questions des magistrats et aux sollicitations des deux prêtres assis à ses côtés.

» Il a reconnu et salué très-affectueusement M. Rudigoz, premier adjoint de Montluel, pour lequel les habitants ont tant d'estime et de sympathie.

» L'heure s'écoulait : il a fallu procéder à la fatale toilette. Le condamné a lui-même enlevé sa blouse, et s'est remis, toujours calme, aux mains des exécuteurs.

» Pendant cette rapide opération, il n'a pas fait un geste ni prononcé une parole.

» Dès lors cependant, les assistants ont pu remarquer chez lui une sorte d'affaissement. Quand il a franchi la porte de la chambre où il venait de passer ses derniers instants, le misérable a paru pris de vertige. Pourtant il avait refusé de monter en voiture pour aller à l'échafaud.

» Au sortir de la mairie, sa démarche est devenue plus ferme ; il a parcouru sans faiblir, une distance d'environ cent cinquante mètres.

» A travers les ruelles étroites, la foule se précipitait sur les traces de cet homme malingre, chétif, à l'aspect souffreteux, qui, depuis si long temps déjà, passionnait la curiosité publique.

» Des milliers de têtes se penchaient pour le voir passer, petit, à demi courbé, les yeux éteints, le visage livide suivant les exécuteurs avec la docilité d'un automate, et sans doute n'ayant plus guère conscience de ses actes.

» Arrivé à la plate-forme de l'échafaud, il n'a regardé personne, n'a fait aucun mouvement, n'a pas même remué les lèvres.

» Quelques secondes après, ce bruit sec qui fait fléchir les genoux et courir dans les masses un rapide frisson, annonçait que c'en était fait de cette existence à laquelle avait manqué le souffle divin.

» La tête du supplicié a été recueillie et emportée par l'un des médecins présents sur le théâtre de l'exécution.

» Le corps précipité dans le tombereau a été immédiatement inhumé dans le coin du cimetière ordinairement réservé aux criminels. »

Une simple réflexion maintenant.

Quelqu'un nous dira peut-être :

« Mieux vaut prévenir que punir. »

Nous lui répondrons :

La mort n'est elle pas mille fois moins cruelle que les tortures du bagne, surtout pour le condamné à perpétuité?

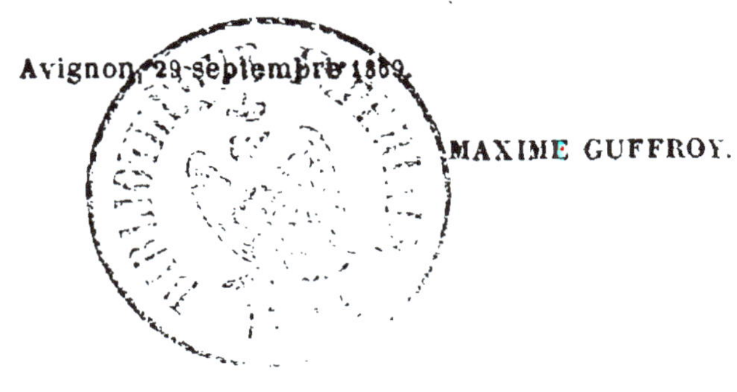

Avignon, 29 septembre 1869.

MAXIME GUFFROY.

Toute reproduction est interdite.

Avignon. — Imprimerie H. OFFRAY FILS, place Saint-Didier, 11.

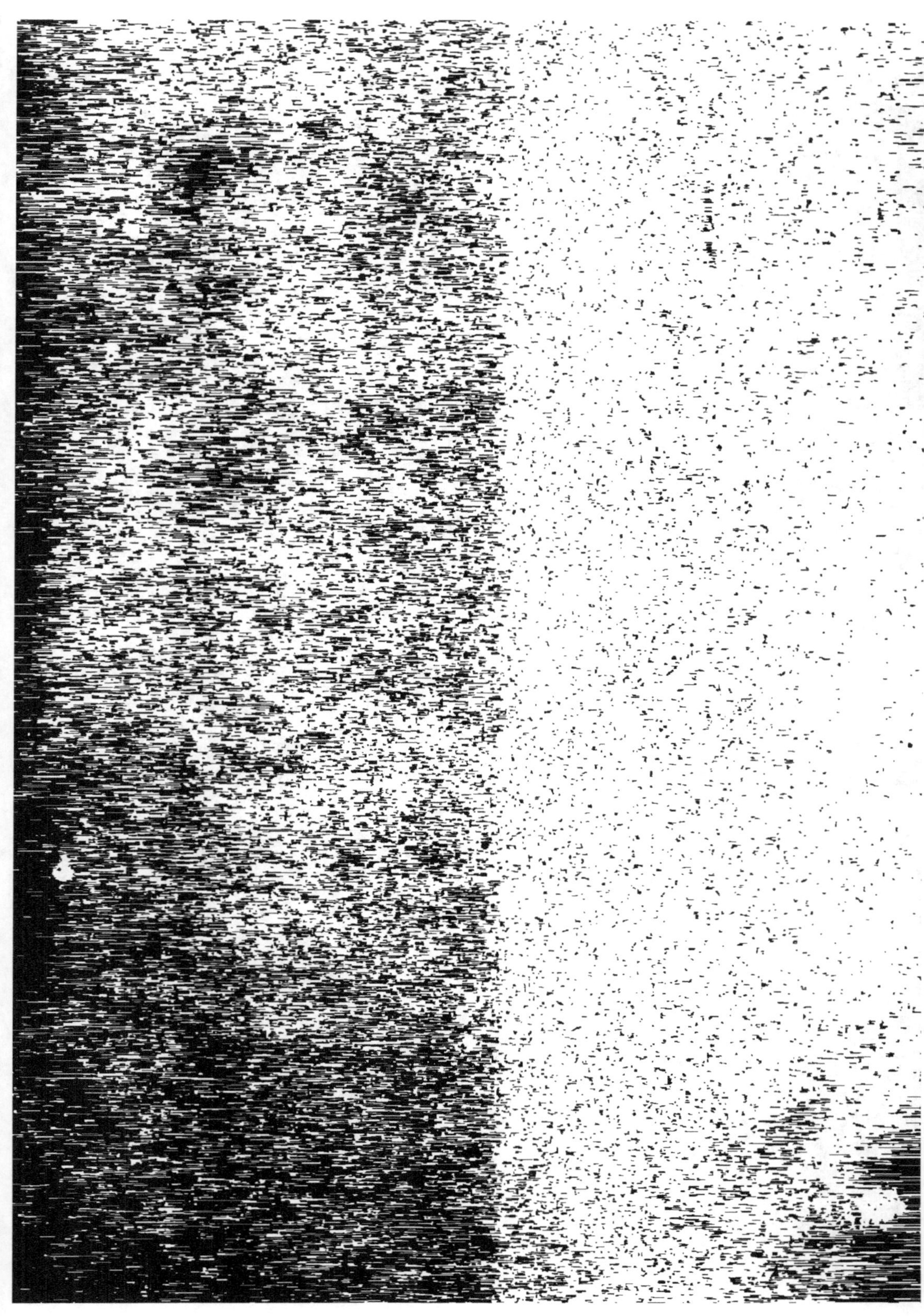

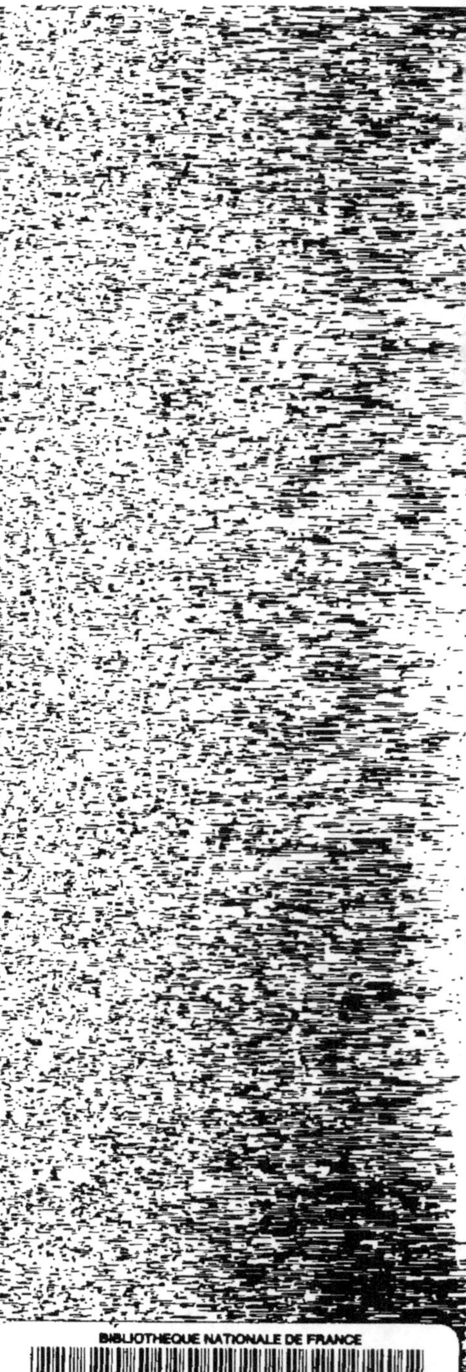